Oppervlaktespanning

Oppervlaktespanning

Renate Oude Nijeweme

Kaft: J.C Murphy
Frontispies: C.H Bennet & W.H Rogers
Editor: J.Duursma
Dit is een uitgave van: Luckenbooth

Copyright:
Dit werk valt onder de
Creative Commons Naamsvermelding-GelijkDelen 4.0
Internationaal-licentie 2016

ISBN: 978-90-817629-0-8

www.renateoudenijeweme.nl

Voor Gettie: zonder jou zouden deze gedichten zich nog in een donker hoekje van mijn harde schijf bevinden.

Voor Erik: zonder jou geen harde schijf.

Ik leun over de railing
van de Szabadság híd
staar in de diepte en
bereken mijn kans

Mijn geloof liet ik achter
op het kussen van hotel Gellért
in ruil voor het snoepje
dat ik die avond genoten had

Een vogel staart me aan
zijn ogen blikkeren triomfantelijk
in de vertrekkende zon
hij weet waarom ik hier sta

Ik ruik de vervlogen hoop
voel de snelheid van mijn vlucht
en miljoenen waterdruppels
verdrijven mijn eenzaamheid

Hij blaft nog één maal
zijn gewicht steunt
zwaar op mijn schouders

met elke guts word ik lichter

in mijn rechterhand het heft
terwijl mijn linker zich
gedachtenloos ontdoet van

zijn grijszwarte vacht

in de weerschijn
zie ik mij:
vervaagde lijnen die

diepte krijgen

Met mijn rug naar de belofte
en mijn hoofd geheven
trotseer ik de snijdende wind
regenvlagen striemen mijn gezicht
mijn ogen tranen

In de druppels de reflectie
van vervormd ontluikend groen
ik hoef alleen maar uit het raam te klimmen
om vrij te zijn

De dorre wintertuin van
het nu ben ik ontgroeid
ik voel de zon mijn gezicht ontdooien
mijn voeten stevig op vruchtbare aarde

Met grote veerkrachtige passen
begeef ik me op dit onbekende terrein
de wind aangenaam in mijn rug
mijn ogen tranen

Het schokte me
toen ik het las
jij in een gevangenis
een gekkenhuis
gesticht

ik dacht dat kan toch nooit
dat kan mijn held niet zijn

We hebben zoveel gemeen
al zit er meer dan een eeuw tussen ons
en deed jij
waar ik alleen maar aan dacht
en daardoor zat je in dat gesticht
ging er zelfs dood

we hebben zoveel gemeen

Het is zo donker
dat ik mij verstoppen wil
bij jou

de lijnen rond je mond volg ik zonder raken
de luchtverplaatsing streelt
zachtjes uit mijn naam

ik adem je
in volle teugen
proef ik je

je streelt mijn tong
in mijn longen houd ik je
nog even vast

mijn ogen volgen
jouw dromen
langzaam wordt het licht

Eens stond hier voedsel
fier in de wind te wiegen
ontnam mij mijn horizon
gaf mij beschutting

Ik voelde mij verdwijnen
zodra ik me tussen de velden begaf
onzichtbaar voor de wereld en
wat mijn ziel weer helder kleurde
de wereld onzichtbaar voor mij

Oktober gooit alles open
het land afgemat, geen verzadiging mogelijk
uitgeput sta ik aan de rand
overzie de zwarte grond
weerspiegeld in mijn ziel

Heel ver achter mij zag ik eens in een glimp
mijn schaduw zachtjes wenen.
Het leek een boom, geen treurwilg
een eik: sterk geworteld met een bast
getekend door de jaren.

Jaren van herfsten en winters,
van uitputtende zomers en
beknopte lentes met waterige zonnen

Ik draaide me steeds vaker om
om een glimp op te vangen
van mijn schaduw die
niet dichterbij wilde komen.

Held is de tegenwoordige tijd van hield
ik weet niet of ik ooit ga helden
ik had een vader, die hield
dat straalt dan weer op mij af, vind ik
hoef ik niet ook nog eens te helden

Gisteren nog kwam ik in de verleiding
bijna geheld!
er was duidelijk een noodzaak en
eerlijk gezegd kon ik het best wel doen
even helden
kleine moeite

Maar mijn vader hè, die hield al
waren ook genoeg anderen die konden helden
deden ze niet.
zeker allemaal ook een vader die al hield

Stond het in de krant
steeds minder helden
er werd zoveel gehield dat het op is
klopt ook wel
mijn vader hield om te helden
was toen veel gewoner

Als ik, áls ik al zou helden
dan zou ik er toch wat voor terug willen
dat iemand mij hield, minstens.

Jouw ogen worden de mijne
mijn lach ruil ik voor de jouwe
je krullen dansen op mijn hoofd

ik neem je jaren, de mijne mag je hebben
met je blozende wangen
van jeugd en verlangen
maak ik mijn leven mooi

en soms, als ik voorbij loop
lig je daar: moe gestreden
doffe blik, geen dromen meer
en dan weet ik:
dat was ik.

In mijn hoofd zit maakbaarheid
de zomer die langzaam overging
in de kleurrijke herfst van verrotting
kale koude winters zonder enig gemak

vloeiden langzaam
als dikke druppels honing
op een scheef gehouden bord
over in een licht
gele lentebries

iedere spier die zich
in mijn rug samentrekt
bij de geur van kruidnoten
in augustus

herinnert
voelt

de windvlaag van
de nazomer houdt het stuur
nog net recht
nog net
net

Ik fiets een rondje om de vijver,
om de vijver, om de vijver,
ik fiets een rondje om de vijver
van het Tuindorpbad

De stoep is wat oneven
en mijn wielen blijven steken
op de tegels
van de stoep
rond het tuindorpbad

Alle mensen hebben hondjes
willen lopen maar staan
stil
op de scheve tegels
rond het Tuindorpbad
Ik zie de bomen met hun kruinen
kijk!
de takken zwaaien vrolijk
en mijn fietsje gaat wat schuiner
op de tegels rond het Tuindorpbad

Twee tot de macht
tien tot de macht
honderdachttien
meter sterrenstof
raasde ik voorbij
om te vinden wat
ik zocht: mij.

je had het koud
zag ik direct en mijn
handen staken in zakken
met bonnetjes van
restaurants en
bitterballen met vlammetjes

natuurlijk lustte ik
ook een glas met
bier en zo gezeten aan de
toog vroeg ik naar hier

ik werd duizelig van
het hier en daar was
jij nou jij of was jij ik
en wie moest ik zijn dan

jij kletste maar en ik
praatte wat en opeens
werd het zonneklaar
als jij hier ik was en ik
hier ook dan werd het
nutteloze nutteloos

jij kreeg een idee wat
mij subiet te binnen viel
jij haastte je naar huis
waar ik afgemat wachtte

jij knoopte het touw
ik legde de lus
jij stond op de stoel
ik trapte hem weg
jij liep blauw aan
ik snakte naar adem
stierven wij twee tot de macht
tien tot de macht honderdachttien
meter verderop eveneens samen?

Als de bladeren ruisen
door de herfstwind
vraag ik me af
of jij dat ook hoort

Als dat ene biertje
in de aanbieding is
vraag ik me af
of het jou nu ook smaakt

Als in mijn nachten
de slaap niet komt
dan vraag ik me af
of jij je wel redt

Eet je wel goed en
ben je wel warm
zijn er mensen bij je
en mis je niet te veel?
ben je wel veilig en
voel je je niet alleen?

Voel je de zon
Voel je de wind
Voel je dat ik altijd
verbonden ben
en altijd
verbonden blijf
met jou?

Loden tranen vormen samen
zwarte sporen van weleer
in dit duister raak ik de verte
immer mehr
Mein ganzer Horizont so grau
des Herbstes Runengespinst und
ich fluister zacht hoop
door het suizen van mijn gemis

hoe de kleine jongen
schaterlachend
de zeepbellen die

loom in de zon
tot leven zweefden
vangt, koestert

hoe moeders adem
gevat in een film
kleuren heeft, weer geeft

hoe de zeepbellen stuk
voor stuk uit een
spatten

op de schaterlach
van de kleine jongen
die vraagt om meer

$t_B - t_A = t'_A - t_B$

where B stands for Being
and t is my time
defined

and A
which is all that I left
behind

All of me
synchronized
in space and in time

Jij ligt te slapen met
je mond een stukje open
en je haren op je kussen
kussen kussen ik zou je zo graag kussen

ik zit op wacht
het zal wel moeten komen
narigheid op de loer
om de hoek terwijl jij

zachtjes je hoofd
op een droger stukje legt
en ik kijk en ik voel en ik kan
alleen maar op wacht

wat zal ik vechten
met wapens en slimmigheden
en woorden vol vuur
tegen dat wat tegen gaat

zitten op de stoel bij de deur
met een oog op jou
en een oog om de hoek
zodat jij slapen kan

Hoe zacht kan New York
hoe weinig licht kan het
donker doorbreken

schilder ik je boulevards
abstracter dan mijn eenzaamheid
om in te lijsten en

bekijk me
zie mij staan hier aan de rand
                            de rand
waar ik balanceer
om touwen loop, messen ontwijk

er is geen uitzicht hier
onzichtbaar tussen de
meerderheid alleen

mijn uitzicht op canvas
ingelijst, opgeknoopt
hang ik in jouw living

- 30 graden was
- boodschappen
- stofzuigen
- ramen lappen
- dweilen
- koken
- strijken
- ruim die tafel
- nou eens eindelijk op
- onkruid wieden
- keukenkastjes leeg
- tranen binnen houden
- niet denken
- niet denken
- niet denken aan jou
- rekeningen betalen
- auto wassen

Op het horloge twee keer
groter dan zijn pols
kijkt hij hoe laat het is

leunt nonchelant met zijn rug tegen mijn ziel
beweegt zijn hoofd op het ritme van het bloed
dat door mijn aderen stroomt
als ware hij een hoedenplankhondje

en geeft mij net dat zetje
duwt mij harder hoger
mijn vlucht op de schommel
geknoopt tussen twee grote
lindenbomen de vrije val

giert door mijn longen
laat de secondenwijzer in
mijn ogen even verstommen

Lizzie, mijn beminde Lizzie
waar is mijn dochter waar
is mijn rede, Lizzie waar
ben ik gebleven?

Met je ogen gesloten
lees je mijn diepste gedachten
het wordt tijd Lizzie,
het wordt tijd het licht te zien

Mijn lust vrat mijn visie
wat overblijft ben jij, mijn beminde
in het duister Lizzie, in de nacht
achtervolg je mij

De klokken luiden , Lizzie
ze roepen, ze dwingen mij
de fungus tiert welig, Lizzie
om mijn voeten, mijn lijf

Lizzie verschoon me
mijn zonden, gedachten, mijn zijn
m'n zielerust in je handen, jouw
ontzielde handen, Lizzie bevrijd mij!

Het duister ruikt naar bussekruit
wees niet bang, ik houd de wacht

houd mijn hand vast
als je bang bent
houd mijn hand vast
als je droomt

houd mij
vast

op een mooie zomerochtend
voor jou
op een grijze winterochtend
voor mij

houd ik je voorzichtig
en heel langzaam
minder
vast

Vanmiddag zag ik je zitten
je kat loom naast je stoel
ik besef heel goed
dat ik je los moet laten

ieder leeg moment
zijn mijn gedachten bij jou
ik zou een vogel willen zijn
in de zomereik
voor je raam

met mijn priemende ogen
zie ik
alles wat je doet
wat je mij niet meer vertelt
en in mijn kleine vogelhoofd
groeit een droom, een droom!
                ik!
                groot en sterk
                jij vliegt met mij mee
                weg van hem
                in mijn nest hoor je
                ik stop je onder mijn vleugels

                veilig en warm
                voer je mijn eten
                mijn liefde
                mijn gedachten

ik
laat je nooit meer gaan

Ik zwierf door velden
langs kronkelwegen
en kapellen

nadat ik moe gestreden
op mijn rug belandde
liet ik me meevoeren

ik voer langs dat wat was,
had kunnen zijn
wolken dreven over

de wind blies zacht over mijn rimpels
en met mijn ogen gesloten
zag ik de zon

In mijn eentje
achter mijn laptop
hou ik van
wordt mijn wereld overzichtelijk
vierkant en plat
zoals ik hem het liefste heb

alles door die filter
ik weet dan beter wie ik ben

weet je, eerst was ik wat
toen kwamen zij. pakten alles wat ik had

terwijl ik tiep
en lees wat anderen tiepen
krijg ik een idee van wat ik vind
welke mening ik heb

ze zijn het allemaal met mij eens
we hebben maar één held
hij zegt wat wij denken, snap je

hier zo gebeurt het
zegt er weer zo'n wijffie iets
waarvan je denkt
tjeesus mens
met je stomme bakfiets
nou en dan

dan neem ik haar eens lekker te grazen.

hahaha

virtueel dan he

Ieder moment kan ik het doen
opstaan
schoenen aan
nog even in de spiegel kijken of
juist niet want geeft het nog?
jas aan
zal ik denken aan een sjaal als ik ga
zal de kou me deren als ik

Het besluit genomen
lange langzame passen
in een film zou het nu
donker zijn, regenen
jij zou thuis radeloos
denken dat je niet wil en me
toch achterna gaan

De avond is helder en ik zie veel sterren
eigenlijk is de avond wel zacht
een vleugje lente kriebelt mijn hersenen
ik weet niet waarheen
ik dwaal wat

In mijn zakken brandt mijn sleutel
op het puntje van mijn tong
een sorry
zullen we het nog eens proberen
maar dan anders, beter?
als jij nou dit en ik nou dat

Dan dwaal ik 's avonds niet meer af
laat ik het moment voorbij gaan
schreeuw ik alleen
in mijn kussen
tot het over is
en dan
ben jij er
en ik

Soms, als ik niet slapen kan
en de zon het wint van de maan
hete tranen rollen dan
langs mijn nek, mijn kussen in

ik stel me voor, je kinderlach
verwondering, je levenskracht
hoe je met je donkere krullen
en je blauwe ogen lijkt op hem

je wil piloot worden of prinses
we bakken koekjes en je muzieksmaak
maakt me gek. En als je thuis komt
met de liefde en een zwangerschap

dan weet ik dat het zo niet wordt
en zo nooit zal zijn, dan
laat ik me sussen, laat ik me wiegen
in zijn zachte, vluchtige vergetelheid

Beschimmeld zijn de zaden
van vruchtbaar denken
in mijn hoofd

verrot zijn de wortels
die me stevig houden
op mijn plek

bevroren zijn de stralen
die me verwarmen
leven laten

vleesloos mijn skelet
zielloos mijn lichaam

mijn knokige hand
grijpt je bij je keel
sleurt je met me mee

de tijd uit

Inhoudsopgave

Ik leun over de railing 7
Hondenleven 8
Met mijn rug naar de belofte 9
Het schokte me 10
Naast jou 11
Het zwarte land 12
Glimp 13
Held is de tegenwoordige tijd 14
Jouw ogen worden de mijne 15
In mijn hoofd zit maakbaarheid 16
Tuindorpbad 17
2^10^118 18
Verbonden met jou 20
Loden tranen 21
Zeepbellen 22
tB – tA = t'A – tB 23
Zodat jij slapen kan 24
Hoe zacht kan New York 25
Todo 26
Tijdsvlucht 27
Beminde in het duister 28
Het duister ruikt naar bussekruit 29
Ik laat je nooit meer gaan 30
Stroomopwaarts 31
Reaguurdersmonoloog 32
Langzame passen 34
Morpheus 36
De tijd uit 37

Woord van dank

Ik wil graag de volgende mensen bedanken:

Judith Duursma voor haar frisse en kundige blik op mijn teksten, Theatergroep "Jonge Gasten" en "mijn eigen" donderdagochtendploeg voor het inkleuren van mijn woorden, de warmte en het zijn van een creatieve vrijplaats.

www.ingramcontent.com/pod-product-compliance
Lightning Source LLC
Chambersburg PA
CBHW071803040426
42446CB00012B/2685